# ESSENCES DE SAGESSE

# ESSENCES DE SAGESSE

ALDIVAN TORRES

Canary Of Joy

# Contents

1 Essences de sagesse   1

# I

# Essences de sagesse

Aldivan Teixeira Torres
Essences de sagesse

------------------------------

Auteur : Aldivan Teixeira Torres
©2018 - Aldivan Teixeira Torres
Tous droits réservés

Ce livre, y compris toutes ses parties, est protégé par des droits d'auteur et ne peut être reproduit sans l'autorisation de l'auteur, revendu ou transféré.

Aldivan Teixeira Torres, naturel du Brésil, est un écrivain consolidé dans différents genres. Jusqu'à présent, il a publié des titres en neuf langues. Depuis ses débuts, il a toujours été un amoureux de l'art de l'écriture, consolidé une carrière professionnelle dès le deuxième semestre 2013. Vous attendez avec vos écrits pour contribuer à la culture brésilienne, réveillant le plaisir de lire chez ceux qui n'ont pas encore l'habitude. Votre mission est de conquérir le cœur de chacun de vos lecteurs. Outre la littérature, ses principaux goûts sont la musique, les voyages, les amis, la famille et le plaisir de vivre. Pour la littérature, l'égalité, la fraternité, la justice, la dignité et l'honneur de l'être humain » est toujours sa devise.

Essences de sagesse

Dévouement et merci

Introduction

Textes

Le sens de la vie

La situation actuelle

Reconnais-toi, petit homme

Le destin

La compagnie des Anges

## *Dévouement et merci*

Je dédie ce petit livre à toutes les âmes soif de connaissance et de sagesse. Prenons-nous au bon moment, cherchant à tirer des leçons du créateur, car tout vient de lui.

Je remercie le seigneur de ma vie d'abord, ma famille, mes amis et admirateurs de mon travail d'écrivain. Je suis content pour ce nouveau projet.

## *Introduction*

Les espérances de sagesse apportent en soi une invitation pour que vous approfondissiez dans la connaissance de votre père spirituel. Grâce à vos observations et à vos conseils directs, l'objectif est de transformer votre réalité et de la pousser pour de bon. Bonne lecture !

## *Textes*

1. nous sommes des êtres spirituels et charnels. Dans la partie spirituelle, nous sommes im-

prégnés d'un tel magnétisme que nous pouvons absorber les mauvaises et les bonnes choses que les autres nous désirent. Pour éviter les mauvaises choses, cherchez la protection spirituelle des êtres lumineux, et ils vous débarrasseront de toutes sortes de pièges. Pour attirer de bonnes choses, chercher à maintenir des valeurs mondiales, une éthique généreuse et équitable au-delà d'une charité constante qui aide les plus nécessiteux. Souvenez-vous toujours de la loi du retour, qui est suprême dans l'univers.

2. Arrêtez cette fois de courir contre le temps de chercher des biens matériels. Recherchez ce qu'il faut pour survivre à vous et à votre famille. Le pouvoir et l'argent trop payé ne vous feront que faire du mal. Vous voyez l'exemple du millionnaire ? Il vit dans des chaînes derrière des murs puissants, visant à protéger sa fortune et sa vie des voleurs. Il n'a pratiquement pas de vie sociale, il ne peut pas marcher librement dans la rue, il ne peut pas aller à une plage avec sa famille et vivre plein de peur. C'est ce que tu veux pour ta vie ? Pensez bien si ce n'est pas mieux

d'avoir une vie simple, mais être totalement libre.

3. A votre commandement, des mondes ont été créés, des éléments naturels et des créatures. Il est seul suffisant pour l'éternité. Ce qui semble impossible à l'homme qu'il peut accomplir avec force et espoir pour son meilleur projet pour nos vies, car il est vraiment pur et complet amour. Libérons donc nos rêves dans la bonne direction et œuvrons pour être dignes de votre miséricorde.

4. Tu es un seul Dieu. Cependant, il y a beaucoup de moyens de le joindre. Comment savoir si je suis sur la bonne piste ? Vérifiez les œuvres et si elles sont bonnes, représente un côté divin. Cependant, rappelez-vous que le fait que vous avez une orientation ne vous donne pas le droit de mépriser les autres.

5. Ne croyez pas que Dieu est un vieil homme barbu vivant à travers l'horizon. Dieu a de multiples visages se présentant dans ses créatures, faisant l'adresse sur le plus digne. Toute bonne œuvre vient de lui, de sa générosité infinie et de sa miséricorde. Vous

pouvez aussi être représenté par une légion de guerriers légers parce que c'est exactement ce qu'il est, une union des forces lumineuses. Pour lui plaire, cherchez toujours à faire croître ses commandements passaient par ses prophètes. Celui qui vit la réalité du Seigneur est toujours plus heureux.

6. Dieu est l'amour infini. La preuve de cela est leurs miracles tout au long de l'histoire pour l'humanité, étant la plus grande d'entre eux la naissance et la résurrection de Jésus-Christ. Profitons de ce don accordé et honorez notre mission sur Terre, objectivement pour être prêt à son retour.

7. Le pire karma est d'insister sur des actions qui ne donnent aucun résultat satisfaisant à personne. Si tu veux éviter d'aider le prochain, ne gâche pas avec ça. Distillant votre poison, vous ne pourrez que régresser spirituellement et couler dans un abîme sombre que vous ne pourrez peut-être pas partir. Pensez bien aux conséquences de vos actions.

8. Avoir une bonne disposition mentale. Vous devez savoir que si vous devez pratiquer le

bien, vous serez accordés à de bonnes choses, et par conséquent, vous verrez la lumière pure. C'est juste comme le Seigneur a dit, frappé et être ouvert, chercher et trouver. C'est un des secrets du vrai bonheur.

9. Tout ce que nous recherchons n'est pas une explication logique. La parole de l'ordre est la foi que vous pouvez croire et vivre, une réalité que beaucoup de gens fuient. Tu vois l'amour ? Non, mais tu le sens. La même chose arrive aux forces bénignes de l'univers, ils sont toujours là pour nous, et nous ne le réalisons même pas.

10. "Connaissez sagement, reconnaissez le vrai ami. Un vrai ami est celui qui est avec toi en bon temps et en mauvais temps. C'est lui qui n'en a pas marre de te guider et de te battre quand tu fais quelque chose de mal. C'est lui qui se soucie de son bien-être et cherche autant que possible à être présent aux moments les plus importants de son existence. L'ami peut être le Seigneur, ses parents, sa famille, ses voisins, ou même inconnu.

11. "Comprendre votre importance et votre position. Reconnais-toi comme fils de Dieu et

essaye de comprendre ta performance dans l'univers. Vous devez savoir qu'à vos côtés, un père aimant est prêt à se battre pour son bonheur. Mais tu veux faire pareil à toi-même ? Ou tu abandonneras les obstacles ? La façon dont nous agissons est essentielle pour réussir.

12. La sagesse d'un homme n'est pas mesurée par l'âge. Elle se montre par des travaux consolidés tout au long de la vie. Il est certain que l'irraisonnable ne maintient pas le temps, alors que les sages restent parmi les grands. Une fois, oui, quelqu'un m'a dit que la sagesse est aussi grande que l'intensité de notre bonheur, et je crois que c'est une grande vérité.

13. Au long de la vie, nous sommes guidés par des maîtres charnels et spirituels. Sa bonne sagesse de les entendre toujours suivre un chemin tranquille et réussi sur Terre. En retour, ils apprennent aussi de nous dans une relation multiple. Ceci prouve le jargon suivant : "Personne n'est si parfait qu'il ne peut pas apprendre, ou assez ignorant pour qu'il ne puisse pas lui apprendre assez."

14. Ce que Jésus Christ propose à nos vies est une contrition sincère à la vérité et à ses commandements. En renonçant à notre individualité, nous aurons peut-être l'occasion d'oublier nos douleurs les plus intérieures et d'effacer nos péchés.
15. Si vous êtes d'accord avec la volonté du Seigneur, vous connaîtrez sa parole à laquelle vous produirez dans le contentement, la tranquillité et la sagesse spirituelle.
16. Tout doit être juste. Savoir parler et savoir comment comprendre les motifs de l'autre sans jugement fait de vous un bon ami.
17. L'essence de la méditation doit être appliquée dans chaque situation de stress, ouvrant les possibilités de résolution d'un problème majeur sans désespoir.
18. ' Travaillez les bonnes vertus elle-même pour qu'elles deviennent étendues et profondes comme l'océan. Dans un analogue, évitez les mauvaises choses, les supprimer de manière à ne plus agir dans leur vie.
19. Soyez un guide de l'ignorant, de même que vous aideriez un aveugle à traverser la rue.

Agissant ainsi, le Seigneur élargira sa sagesse en rendant l'impossible.

20. ' ne permettez pas la routine quotidienne de produire de l'incrédulité en vous. Toujours croître la foi, et vos efforts seront récompensés en produisant des fruits cohérents.
21. ' le secret de la connaissance est de suivre les enseignements du Seigneur. Il fera les puits de l'intelligence justes avec la connaissance, capables de connaître toutes choses.
22. Le piqûre de la mort ne pourra pas détruire l'amour ni la dignité de l'homme. Ils vous emmèneront avec vous où que vous alliez, car où que votre trésor soit il y aura votre cœur aussi.
23. L'ennemi lutte pour bloquer le chemin des fidèles, mais ils ont un avocat puissant qui a dirigé tous les doutes avec leur père. Il nous mènera à un pays où le lait et le miel coulent.
24. La famille est notre plus grand bien. Quand elle est en crise, nous devons essayer de la sauver.
25. Faites les bonnes œuvres et en retour, vous recevrez l'honneur, le succès et le bonheur. Il

n'y a pas de formule magique, pas de chemin prêt à être juste. C'est à chacun de découvrir dans leur réalité la meilleure façon de coopérer pour un univers meilleur en honorant leur mission sur Terre. Soyez patient et tolérant dans toutes les situations vous gardez le contrôle de votre vie. Sentez l'aspect spirituel de l'univers, en s'associant à elle, en cherchant quelque chose d'autre. Cette force est appelée Dieu et est prête à vous aider dans chaque instant de votre vie.

26. Notez le pouvoir et l'amour du créateur. Celui qui a créé l'univers par un simple mot est capable de faire beaucoup pour vous. Ne sois pas si déprimé. Son importance est trop grande pour l'équilibre de la planète, quel que soit le degré de sa responsabilité. Faire les petites choses de grandes opportunités de connaissance.

27. Essayez d'être un citoyen à plein temps. Ce n'est pas un sacrifice pour être gentil, donner un bon conseil, faire une charité, être un compagnon, regarder les malades, avoir un engagement religieux, faire valoir vos droits et devoirs. Être apôtre du bien n'est pas une

obligation parce que chacun a sa propre volonté, mais il doit être un but pour ceux qui veulent le bonheur dans ce monde.

28. ' Tu connais le secret du bonheur ? Gardez votre esprit hors des courses du monde. La modernité et ses appareils technologiques révolutionnaient notre mode de vie et de communication entre les gens. Cependant, il arrive un moment où il nous noie. Donc, si vous pouviez les laisser quelques instants, vous sentiriez quelque chose de nouveau, une paix totalement abondante. Faites cela et voyez à quel point c'est satisfaisant pour votre bien-être mental.

29. Comment connais-je Dieu ? Comment interpréter votre désir dans nos vies ? Premièrement, il est important d'exclure les fausses conventions généralement acceptées par la plupart des gens. N'attendez pas que le père spirituel soit éloigné sur une chaise en or. Le Seigneur des armées est dans les taudis, dans les hôpitaux, dans la maison de soins, dans les syndicats familiaux, avec vous, et partout où vous êtes invoqués. L'esprit est cette petite voix à l'intérieur qui

vous conseille et vous conduit. Donc, penser comme ça facilite beaucoup de comprendre ton rôle dans le monde. Ne jamais arrêter de suivre ton intuition.

30. Le conducteur joue un rôle particulier de grande responsabilité devant Dieu. Il est responsable de conduire des véhicules, de déplacer les gens de côté à côté. Donc, vous devez prendre soin de vous-même, ne prenez pas de drogues avant de conduire, marchez à une vitesse modérée, pour pouvoir contrôler la voiture en cas d'éventualité et respecter les lois du trafic. Prenez votre temps pour atteindre la destination parce que le temps est une loi relative.

31. Vous êtes un vieil homme à la retraite ou un jeune homme sans emploi fixe cherchez à occuper votre esprit avec des choses créatives. L'important est de se sentir utile dans certaines activités qui offrent du plaisir et de la reconnaissance. Prenez ceci comme un bon exemple de mon cas, je suis écrivain, employé public et femme au foyer avec chacun d'entre vous prenant un espace dans mon agenda. Je connais également des per-

sonnes qui ont trois emplois fixes, des études et qui travaillent encore à la maison. Bien que ne pas être fortement recommandé un tel travail, le pire serait d'être stagnant en attendant qu'un miracle se produise dans votre vie. Ce n'est pas comme ça que ça marche parce que nous ne réussissons que si nous nous tenons à nos projets. Avec un bon dévouement, nous pouvons attendre la bénédiction de Dieu pour aider à réaliser nos plans.

32. Si vous voulez quelque chose de bien, faites-le vous-même. N'attendez pas l'autre comme le plus capable de le faire pour vous. Soyez proactif, en prenant les rênes de la ligne espace-temps dans votre histoire.

33. Alors que les fous utilisent sa force pour opprimer les justes, cela préserve la sagesse et la soumission au Seigneur. Au bon moment, la seconde se relèvera de la hiérarchie et restera parmi les grands. En retour, la première récoltera les fruits de sa folie.

34. Le mensonge a deux points de vue. Sur un plan temporaire calme le cœur en nous faisant croire en un monde plein de contes

de fées. Mais tu ne te soutiens pas en tombant sur terre. Quand ça arrive, il y a une grande douleur inévitable. C'est là que nous réalisons que le meilleur de toutes choses est la vérité, aussi dur que cela. En fait, le cœur de Dieu règne et établit, car la justice y réside.

35. Maudit la calomnie et la calomnie. Si vous jetez votre langue dehors, sinon tout le corps sera brûlé dans le noir dehors. Pourquoi ne vous occupez-vous pas de vos affaires ? Si vous voulez critiquer, regardez-vous d'abord et reconnaissez vos fautes. Alors, qui êtes-vous pour juger le prochain ?

36. C'est la promesse de Jésus à tous ceux qui suivent ses commandements. Venez faire partie de cette nouvelle réalité spirituelle, rappelant-vous que vous n'avez plus besoin d'aucun sacrifice douloureux de votre part parce qu'il a été consommé sur la croix.

37. Le ciel est l'ensemble d'innombrables réalités spirituelles. Nous pouvons aussi dire qu'il n'y a pas de chemin spécifique pour atteindre Dieu. Chaque homme est un chemin

selon sa particularité et que votre dignité aura le bon plan spirituel à son évolution.

38. La plupart des entrées sont notre subconscient créant en générant la peur en les affrontant. Aussi dur que le problème, vous savez qu'il y a une solution pour lui. Il n'y a pas moyen de mourir.

39. donnez au Seigneur la gloire pour tout le bien qui s'est produit dans sa vie. C'est un père aimant, généreux qui règne dans notre existence. Ne faites jamais l'erreur d'assigner Dieu la responsabilité des mauvaises choses. Dieu n'a rien à voir avec ça. Les cas fortunés sont les conséquences de nos choix générés par le libre arbitre. Soyez juste dans votre analyse.

40. Tout ce qu'il y a dans la manifestation du Seigneur, donnant l'honneur et la gloire à son nom. Les lois sont parfaites et leurs chemins sont droits. C'est pour ça qu'il est le Seigneur des armées.

41. Faites votre travail avec dévouement et griffe et voici que vous aurez une position forte. Ne jamais utiliser votre position ou influence pour nuire à quiconque parce que

la justice vous atteindra partout où vous êtes.

42. Essayez de faire le nettoyage et le nettoyage périodiques du corps et de l'âme. Ce sont des cycles terminés, nécessaire pour vous éclaircir pour atteindre des vols plus élevés. Rappelez-vous que la rancune et le péché vous éloignent de Dieu.

43. Plante et récolte les fruits mérités de votre travail. Donc, cela arrive aussi à nos travaux parce que nous n'obtenons que ce que nous donnons. Si vos travaux sont bons, les résultats seront aussi.

44. cultivent de bonnes valeurs de telle manière de suivre les commandements laissés par l'Esprit Saint. C'est dur, mais ça vaut le coup parce que ça va être ta ligne de vie.

45. Le meilleur moyen de louer le Seigneur est d'aider avec les actes et les paroles les plus nécessiteux de ce monde.

46. Personne ne connaît Dieu que leurs enfants bien-aimés. C'est à travers eux que nous pouvons comprendre un peu la grandeur du cœur du père céleste. En gros, leurs lois sont résumées dans les commandements et dans

les lois du bon sens. Suivez la bonne éthique et puis tous vos emplois seront bénis. Ça ne veut pas dire que ta vie sera facile. Notre passage sur Terre est un défi constant, et un sens commun de contrôle est essentiel pour nous de ne pas perdre notre cours. Bonne chance à tous mes frères dans le cœur !" Oh, mon Dieu.

47. Malgré la grandeur et l'étendue de l'univers, rien ne passe inaperçu selon le créateur. Avec l'ordre souverain et la gloire, il agit dans toutes les dimensions qui existent, représentées par ses messagers. Quant à lui, c'est un incognito pour la plupart des gens. Mais pour moi, il ne l'est pas. Je connaissais son visage, sa bonté et sa protection au moment le plus difficile de ma vie, un temps où j'appelle la nuit la plus sombre de l'âme. C'était une période de péché et d'enlèvement du bien qui m'a inspiré à écrire le deuxième chapitre de ma série principale. Bien que triste, confus et compliqué, j'ai appris et j'ai été préparé par le divin pour une mission plus grande, qui est exactement, de participer au monde littéraire avec la con-

struction de l'être humain pour évoluer vers le chemin du père. Ce projet est encore embryonnaire, mais progressivement, il attirera ma mission sur Terre. J'espère pouvoir compter sur votre soutien dans cet important échange de connaissances. Merci beaucoup, tous ceux qui m'accompagnent !"

48. Il n'y a aucun moyen qu'un homme puisse connaître ce qui arrive où connaître les biens de son père. Autant que vous recherchez et cherchez, vous n'atteindrez jamais la vérité. Cela arrive de sorte que notre Seigneur soit respecté pour toujours et pour toujours. Nous devons nous soumettre et nous rendre à cette immense puissance créatrice parce qu'il sait exactement ce qui est le mieux pour nous. Fais ce que je fais et tourne la page de ta vie.

49. comme l'eau de rivière suit le courant, qu'elle soit transportée par le sort. Vous voulez éviter de nager contre le courant parce que cela ne vous apportera que de mauvais résultats. Battez-vous pour vos objectifs, mais sachez que la parole finale vient de Dieu.

50. Il y en a beaucoup qui se disent sages, mais

en vérité, tout le monde est de simples idiots. Devant Dieu, il n'y a pas de puissance, de science ou de sagesse. Toutes les bonnes choses viennent de lui se répandre pour les mortels qu'ils méritent. Mais tu ne veux jamais être plus que toi. Ça s'appelle l'humilité.

51. Toute la compréhension de l'infini est en Dieu. Sagesse infinie, amour infini, miséricorde, générosité et protection. Pour être humain, vous avez juste une conscience de vos actions qui cherchent à réparer vos erreurs en visant l'évolution spirituelle.

52. De nombreux chercheurs étudient les limites de l'univers infructueux. Pourquoi ne pas étudier vos limites ? De cette façon, chercher quelque chose de palpable devient plus facile à analyser les relations entre les autres et les autres. C'est beaucoup plus important que de chercher des choses vaines qui ne sont pas à notre portée.

53. Le seul grand est le Seigneur, qui mérite par les droits tout honneur, gloire et culte. Du ciel, il verse sa grâce à ses fidèles de son

cœur. Faites, pour, fonctionne compatible avec ce cadeau.

54. ' Si nous recherchons de bonnes œuvres, notre vie remplit de vibrations positives, d'optimisme et de bonheur. Sinon, la nuit noire prend plein de notre âme. Même si ce dernier choix est mauvais, l'être humain est totalement libre de décider de son chemin.

55. Le plus grand des gens devient ingrat de ne pas reconnaître les bonnes actions de leur père spirituel dans sa vie, restant dans la quête immense de vouloir de plus en plus. Tout cela est pur, être une race inutile. Pour l'homme, juste inquiète pour le présent, car demain seul Dieu appartient.

56. Les dons du Seigneur sont les dons du Seigneur et peu qui en profitent. Soyez comme l'exemple du bon serviteur qui pousse de bons talents et les multiplie par trois. Ne fais pas comme le serviteur ingrat qui enterre ses cadeaux.

57. Le serviteur n'est pas plus grand que votre seigneur, mais si vous faites un bon travail, vous pouvez conquérir votre confiance et être considéré comme votre fils.

58. J'ai une foule à ma disposition qui m'adore et me glorifie. Alors, malgré l'ennemi qui lutte, il ne peut pas réussir à ses projets. Il arrive donc que ma souveraineté soit respectée par tous.
59. J'ai tout créé dans l'univers visible et invisible. Tout me doit la vie, l'honneur, la gloire et le culte. Ce n'est rien de plus que de la sincère gratitude. Cependant, beaucoup préfèrent aller à leur propre façon de ne pas écouter mon conseil intérieur s'éloigner de mon convivial. J'espère que, dans les circonstances, je peux retrouver votre âme. Cependant, je vous ai laissé entièrement libre de décider ce que vous voulez parce que je vous aime de tout mon cœur, ma pensée et mon âme.
60. Laissez la vie vous conduire à des chemins plus définis. Pensez, réfléchissez et osez. Valeur les bonnes choses dans la vie. Pardonnez et aimez plus.
61. Il n'y a pas de justice et de miséricorde plus que la mienne. Je me comporte comme ça parce que je sais exactement ce qui se passe au fond de chaque cœur humain. N'essayez

pas de me tromper avec de fausses promesses parce que ça éclaire ma colère. Vous voulez éviter d'abuser ma patience, soit parce que vous n'aimerez pas ça. Ma main est très lourde quand je le veux.

62. La beauté est importante quand elle vient de l'extérieur. Ne vous attachez pas à l'illusion d'une belle figure, cependant, pauvre spirituellement parlant. Tout ce qui est la terre passe en restant les bonnes œuvres.

63. Chantez au Seigneur un nouveau chant plein de respect et de culte. Rien de plus juste que de louer les gens qui nous ont élevés et nous protéger continuellement des dangers.

64. L'amour est la force la plus créative qui nous rapproche de Dieu. " Aimez le prochain sans attendre de représailles et sans attentes.

65. Personne ne vit sans rêve. Regardez, planifiez, agissez et cultivez vos désirs. Ils deviendront nobles pour leur effort.

66. Bien qu'il y ait une hiérarchie dans les relations humaines, nous ne devons pas toujours obéir à nos supérieurs. Il dit que le fonctionnaire doit être strictement la loi. Si

ce n'est pas obligatoire, nous ne sommes pas tenus d'obéir, même si c'est le président de la République de nous ordonner.

67. J'ai rencontré mon père spirituel dans un des moments les plus durs de ma vie. Il était le seul à me faire confiance quand j'ai été jeté dans un abîme profond et sombre. Par son ange, il m'a sorti de là et a commencé à enseigner un peu de ses valeurs. Avec le temps de regarder autour de moi, je pourrais en apprendre plus sur lui. Je peux vous dire qu'il est un père, généreux, humain, compagnon, soutenant, tolérant, juste et miséricordieux, qui tient vraiment à nous. Il m'a adopté comme fils et m'a transformé en homme digne parce que je lui ai donné ma cause. Fais ça aussi, et tu verras comment ta vie changera complètement.

68. Bien que Dieu soit le plus suprême de l'univers, nous pouvons l'approcher en tant qu'enfants. Adoptant des valeurs morales et une éthique cohérente, nous pouvons être fiers d'être appelés Fils de Dieu dans son sens le plus important.

69. Croyez toujours en votre potentiel, en com-

battant courageusement pour vos rêves. Dieu nous a donné assez de sagesse pour construire notre identité et transformer les relations. Pour réussir, il est nécessaire, car d'abord nous avons l'esprit de paix et de charité avec nous. Le bien que tu veux pour toi-même, fais les autres, et ensuite tu auras trouvé le secret du bonheur.

70. Continuez dans n'importe quelle situation. Autant de problèmes que vous l'avez, levez la tête et avancez. Trouvez des solutions et le Seigneur Dieu vous aidera. Rappelez-vous que l'impossible n'existe pas pour lui de faire dans ses miracles vraiment remarquables.

71. apprend à être heureux. Le bonheur n'est rien de plus qu'une conscience de l'esprit. Trouvez ce que vous manquez dans la nature, en relation avec vous-même, avec Dieu et son partenaire. Acceptez-vous avec vos fautes et vos qualités en ne créant pas d'attentes envers les autres. Cela empêchera les souffrances inutiles.

72. Ne complimentez jamais un homme pour sa beauté parce que c'est un passager. Ce qui compte vraiment pour lui est le caractère,

les concepts moraux et éthiques qu'il mènera à toute sa vie.
73. Mesurez vos mots, afin que vous ne vous blessiez pas. Si tu ne peux pas t'empêcher de laisser l'autre être heureux à ta façon.
74. Par son pouvoir et sa souveraineté, contrôle l'univers avec une main de fer. Même s'il est si puissant et si grand, il se soucie de chacun d'entre nous. Il vous donne envie de rejoindre son royaume en communion avec ses enfants bénis. Cependant, ce choix n'est à vous que pour le libre arbitre. Il ne te fera jamais aimer.
75. La miséricorde de Dieu est aussi grande que l'étendue de l'univers. Cependant, ce n'est pas une justification de continuer à pécher. Dès que tu auras une vie heureuse.
76. La structure de l'univers est magnifique, avec chaque élément de cette fonction importante. Donc, il se produit dans les royaumes spirituels et charnels. Bientôt, quand vous vous sentez déprimé, pensez que votre présence est importante pour quelqu'un.
77. Le travail est fondamental pour l'être humain de grandir et de dignité. Fuyez l'esprit

abandonné, allez à la salle de gym, étudiez les activités saines et agréables, marchez, écoutez la musique, voyagez, voyagez avec amis, parlez aux gens de confiance, allez régulièrement à la salle de gym, étudiez les activités saines et agréables, priez fort pour vous et votre prochaine et excluez votre vie, ce qui vous rend malade. Agissant ainsi, les possibilités de vous sentir paisible et heureux seront plus grandes.

78. Santé ton cœur de telle sorte que la vie soit légère. Prenez votre esprit, tout ce qui contribue à la douleur et à la douleur. Oublie la haine, le ressentiment, la perte et l'échec. Tu penses prendre un nouveau chemin, les choses vont s'améliorer pour toi. Rappelez-vous, chaque fois qu'il y a un moyen et une sortie sauf la mort.

79. ce qui fait de vous un guerrier n'est pas le nombre de guerres qui ont gagné, mais combien d'obstacles ont surmonté.

80. L'éducation est essentielle pour vous insérer sur le marché du travail et construire une personnalité éthique et réputée.

81. Faites votre passage sur terre un moment de

culte au Seigneur. Construire un ensemble de bonnes œuvres, votre âme atteindra la lumière et la paix nécessaires à votre bien-être.

82. Il n'y a pas de terrain médian. Sois-tu es du côté du bon ou du côté sombre. C'est la conséquence du libre arbitre donnera à l'homme.

83. Être un héros n'est pas une chose fantastique. Être héros se bat pour vos rêves dans un pays où l'investissement culturel est précaire. Mais vous devez résister et continuer à vous battre.

84. Donnez vos ailes à votre volonté. Relâchez votre soi intérieur pour que les obstacles de la voie ne vous forcent pas à abandonner. Même face à une grande difficulté, gardez la foi.

85. chercher l'humilité et la simplicité. La sublime vient de cette essence de l'être. Montrez dans votre petite taille la taille de votre grandeur.

86. La valeur de l'homme est dans son authenticité. Être authentique est d'avoir un modèle de comportement défini avec des valeurs honnêtes. Je recommande vivement la suite

des commandements et des lois divines donnés par Dieu à leurs prophètes.

87. Qui aimait ou aimait vraiment ? Vous devez réfléchir et observer tout autour de nous. Disons que nous reconnaissons l'amour par les signes. Les gens qui t'aiment vraiment sont toujours là pour toi en bon et en mauvais temps, même si parfois tu n'es pas la raison complète. Celui qui aime vous découvrira votre pire, et pourtant continuera à vous aimer et à vous identifier à vos fautes et qualités. Celui qui t'aime soutient toujours tes feuilles, n'attend pas le bon moment pour te faire un câlin et dire qu'ils t'aiment. Celui qui aime, vous saurez pardonner et réciproquer méritera d'être pardonné dans vos échecs. Celui qui aime vous croira toujours dans toutes les situations. Donc, ne jamais laisser tomber le proche.

88. L'amour véritable est rare à trouver, c'est beaucoup plus dur que de gagner la loterie fédérale. " Pourtant, ne jamais abandonner. Aimez-vous d'abord pour que les autres aient la chance de vous aimer.

89. Le bonheur est quelque chose qui vient de

l'intérieur et non de l'autre côté. Le bonheur est de profiter de la vie est au travail, en voyages, en famille, amis, en lisant un livre, en écrivant une histoire ou en combattant pour un rêve. L'important est de continuer à avancer, même dans les défaites.

90. Dieu ne vient jamais de nous. Il ne cesse de s'occuper de nos douleurs et difficultés, prouvant un tel amour paternel. Au lieu de lui demander des choses, merci pour ce qu'il a.

91. Regardez le monde. Les loups se cachent autour de sa vie autour de tous les coins de la rue en face. Ils veulent juste voir leur honte, pratiquement pas d'espoir pour un monde peuplé par des créatures maléfiques. En retour à ce comportement, faites-le différemment. Prenez soin de vous, de votre famille et de votre proche pour que tout le monde reconnaisse vos œuvres. Soyez toujours un apôtre du bien, et puis le royaume de Dieu sera une réalité dans votre vie.

92. Des exemples de cela sont la foi, Dieu et l'amour. Ils existent tous, mais sur terre,

nous n'avons pas une vue claire. Essayez de les comprendre à travers leurs réactions.

93. ' Il n'y a pas d'autre force ou de puissance digne d'admiration dans l'univers entier. Alors n'as pas d'idoles avant toi.

94. Avoir la méditation comme une bonne pratique de la détente et de se rencontrer. Fais cette activité quand tu cherches la paix.

95. Professeur, gardez à l'esprit que votre profession est noble et honorable. Par l'éducation, tous les professionnels sont formés, du président au nettoyant. Soyez fier de ce que vous faites.

96. ' Soyez gentil et générosité en aidant tous les êtres vivants. Ne faites pas le bien par obligation, faites-le pour se sentir bien sans attendre la rétribution. Les honneurs et les gloires vous seront donnés dans le royaume des cieux.

97. Rien ou personne ne peut arrêter son bonheur. Si vous êtes du côté du bien, vous recevrez certainement les bénédictions du ciel afin que votre vie progresse de toutes façons. Alors, restez calme et fidèle toujours.

98. avant le Dieu, vous avez de la valeur et pour

votre mérite vous bénéficiez de la protection divine. 'Connait pour profiter de cela afin que vous puissiez atteindre tous vos objectifs.

99. Où sont vos trésors ? Pensez exactement ce qui est bon pour vous. Dans mon cas, mon bonheur vient du travail, des vivants, de la lecture, de mes livres, des voyages, de mes bonnes œuvres et de la vie elle-même. Si vous pensiez semblable à moi, alors votre cause devant Dieu est déjà gagnée, car votre chemin débordera dans le royaume du père. Leur bonheur, l'harmonie et la paix prévalent dans son existence éternelle et toujours.

100. Les humbles seront exaltés, tandis que les fiers seront humiliés. Deux opposés qui montrent vraiment comment père veut que nous agissions devant lui. Le plus recommandé est d'essayer de suivre l'exemple de Jésus, qui nous a laissé le modèle homme parfait.

101. Voici le mystère de la foi. Si vous croyez aux forces spirituelles du bien, vous croyez en moi et mon père. Nous sommes en commun la force qui coordonne les univers avec au-

torité, pouvoir et souveraineté. Rien ne sort de notre contrôle, même quand l'homme se sent grand. Rien ne peut nous vaincre ou nos serviteurs. Nous sommes la pierre initiale de tout ce qui existe et cherche des hommes engagés dans notre cause. Venez faire partie de cette réalité spirituelle.

102. Avez-vous faim et soif ? Vous vous sentez agitée, dérangée et incompris ? Tu te sens insécurité et malheureuse ? La solution à tous ces problèmes est en moi et mon père. Nos lois et commandements sont de la vraie nourriture, de la boisson et de la paix pour votre âme. Ne craignez pas dans les ténèbres, la trahison, le mal et la méchanceté des hommes, car devant vous, l'agneau d'Israël. Je suis le roi des rois et le Seigneur des Seigneurs, et rien ne me conduit au pouvoir. Croyez-moi, dans ma bonté et ma miséricorde. Votre rôle et moi vous bénirons ?

103. Trouvez l'amour. " Trouvez aimer Dieu, votre famille et le prochain sans attendre de réciprocité. Voici, l'amour et la charité peuvent effacer tout genre de péché, aussi grave

que possible. Toujours l'amour et sans mesures. De cette façon, tu seras vraiment mon fils.

104. Connaissant pour faire face à la critique aussi dure qu'elles le sont. Essayez d'extraire quelque chose de positif des mots qui vous blessent douloureusement. Cela fait partie de votre processus de maturation et de votre évolution en tant qu'être humain et professionnel. N'acceptez pas que vous marchiez sur votre dignité ou soyez injuste avec votre travail accompli.

105. Continuez à accomplir vos emplois quotidiens sans plus de préoccupations. Si tu fais bien, tu n'as rien à t'inquiéter. Je vous promets que l'aide en bon temps et en mauvais temps, de telle sorte que les langues blessées ne vous nuisent pas à la vie. Au fait, ne t'en soucie même pas. Ils cherchent dans la vie de l'autre la lumière qui n'appartient pas à la leur. Ils méritent votre sincère pitié.

106. Ne manquez pas l'erreur. Il vient montrer ses fautes, et c'est à vous de les réparer pour que quelque chose de semblable ne se reproduise plus. Les erreurs mènent à droite.

107. Dans une détresse, essayez de vous évincer et de vous donner vos sentiments. C'est complètement sain, et ça fera bien votre âme. Ne gardez jamais dans votre cœur ce qui est mauvais et ce qui vous amène des chagrins.
108. Aie pitié de la marginalisation sociale. Les sans-abris, la plus petite rue, les orphelins, les drogues et les prostituées sont des exemples de ces phénomènes. Essayez de les aider d'une manière ou d'une autre, matériellement ou spirituellement. Cependant, le plus petit qui profite de notre bonne volonté pour profiter de notre bonté. A cela, priez Dieu vous donne un sens.
109. Soyez persistants dans la prière, cherchant à contacter Dieu dans les temps programmés ou en cas de besoin n'importe où. Il sera toujours prêt à t'écouter et t'aider dans la meilleure façon.
110. apprendre la loi de la vie et enseigner au plus jeune. Essayez de démontrer le royaume de Dieu et ses implications dans la vie quotidienne, effrayant qui vaut toujours la peine d'être un homme bon et honnête.
111. Dieu maudit qui parle mal de vous ou des

êtres de lumière dans n'importe quel degré. Le Seigneur Dieu est bon et juste, en prouvant par ses œuvres. C'est un vrai père parce qu'il donne du soleil et de la pluie pour le bien et le mal. Maintenant, pour lui être reconnaissant pour tout le bien qui s'est passé dans sa vie et n'attribue jamais de mauvaises choses à son action.

112. Courez dans les pièges de votre esprit. Pas toujours ce qui, nous pensons, est vrai. Nous devons analyser tout froidement pour que nous puissions juger une affaire équitablement.

113. L'essence du bien consiste en l'amour, la miséricorde, la générosité, la tolérance, la charité, la générosité, la générosité, la générosité, la générosité, la paix, la protection et la compréhension. L'essence de la sagesse est d'entendre le prochain et de comprendre leurs raisons.

114. Nous sommes faits de poussière et pour lui, nous reviendrons. Pourquoi alors beaucoup ont une fierté comme si elles étaient invulnérables et inaccessibles ? Reconnais ton pe-

tit et agis pour que le Seigneur te protège de tout mal. Pour faire le bien.
115. Toutes les choses suivent un ordre précédent. Pour chaque personne, un talent spécifique et une mission qui peut être à vous. De la même manière, les dons sont distribués selon le mérite de chacun.
116. Être misérable pour sa pauvreté d'esprit, pour son avarice et sa fierté. En retour, être devenu belle par ta générosité, ta tendresse et ton amour.
117. Arrête de déranger mon père chaque jour pour son drame personnel. Ne sois pas égoïste, demandez votre prochain, Dieu va regarder vos problèmes.
118. connaître le bon travail et le bienfaiteur. Soyez reconnaissants pour tout ce que Dieu vous a donné dans le présent pour construire un futur magnifique.
119. ' La vraie religion est de bonnes œuvres et attitudes. Ce sont eux qui te reconnaîtront dans mon royaume.
120. Dieu merci exige un grand effort. Quand nous avons fait une erreur, c'est une excellente occasion d'analyser nos projets et

d'obtenir les solutions possibles. Reconnaître le péché est la première étape vers le pardon et la rémission qui en découle.

121. La condamnation de l'homme est de vouloir être comme le créateur, de devenir autosuffisant. Tu dois admettre que nous sommes venus de la poussière et pour lui, nous sommes revenus. Toutes les personnes sont soumises à des maladies, accidents, erreurs et malheurs. Alors pourquoi vouloir être grand sans être vraiment ça ? Soyons humbles et cherchez à accomplir la parole du Seigneur.

122. Le secret du bonheur consiste à ne pas avoir beaucoup d'attente envers les autres et à chercher à vivre sur la ligne d'honneur honnête. Les justes seront toujours bénis.

123. Toutes les formes de vie viennent du créateur. C'est pourquoi vous ne voyez aucune raison de discriminer quelqu'un. Nous sommes égaux devant vous en tous points.

124. Vous êtes souverain dans l'univers entier. Nous pouvons voir cette œuvre du créateur dans les éléments et créatures qui composent le monde visible et invisible. Grâce à

cela, nous pouvons admirer le vrai bienfaiteur de tout.
125. En regardant la nature et ses lois naturelles, nous pouvons conclure que nous faisons partie d'un ensemble plus large. "
126. Soyez observateur, mais essayez de ne pas interférer avec l'autre.
127. Donnez des aumônes à ceux qui en ont vraiment besoin. Ne vous laissez pas vous laisser vous faire duper par les ânes intelligents de ce monde qui utilisent leur bonté pour soulever des avantages. Ce crime est appelé un détournement.
128. Dieu est partout et surtout dans les bons gens. Connaissez votre volonté souveraine sur votre vie, collaborant pour une planète où les gens sont plus humains.
129. Ma miséricorde, ma bonté et ma compréhension sont insondables. Ne craignez pas ma colère, faites juste pour que vos bonnes actions rachètent vos erreurs.
130. Être sublime, c'est être politique dans le chemin de traitement des gens, c'est pardonner à la prochaine même s'il ne le mérite pas, c'est l'amour et être aimé dans un monde

de plus en plus plein de mal, c'est toujours croire en un bon avenir quand vous travaillez dans le présent. Être sublime travaille aussi tous les jours avec honnêteté, honnêteté et dignité pour renforcer le lien familial. Être sublime, c'est être simple parce que seuls ceux-ci hériteront la meilleure position dans le royaume de mon père.

131. Né, vivre et mourir. Automne, été, printemps et hiver. Tout cela est des phases, et dans chacune d'entre elles, nous devons savoir se comporter objectivement, pleinement réussir.

132. Dans ce monde et dans le prochain, nous n'obtiendrons que ce que nous méritons.

133. Si vous voulez être le plus grand, suivez ma croix et faites-vous-même un serviteur de votre prochain, car la royauté vient de petits.

134. Arrêtez de vous faire des excuses. Essayez de vous intégrer à une bonne religiosité de telle sorte que vos actions reflètent ce que vous croyez. Vive ton authenticité.

135. Arrête de me blâmer pour tes erreurs. Faites un critère d'analyse de votre trajectoire et

de toutes vos actions. Il viendra un moment où vous découvrirez que vous êtes le seul responsable de vos victoires et de vos défaites. Disons que je suis votre supporter.

136. ne pas prendre de drogue. En plus de causer la dépendance, ce genre de chose vous donne un faux sentiment d'être heureux.

137. Chacun doit faire sa part pour son progrès personnel et mondial. En tant qu'équipe, nous pouvons réaliser des victoires constantes.

138. nous devons revitaliser et contrôler nos émotions de manière à ne pas se blesser les uns les autres. Cependant, pour nous d'atteindre ce stage, il faut savoir vous-même et le milieu environnant.

139. ' Suivez mon exemple que la terre soit bénie et que la vie reste longtemps.

140. Même si l'homme vit dans le palais agissant dans la position du roi, rien ne sera devant Dieu s'il ne peut pas garder l'amour, la charité et l'honneur. Ce qui sauve l'âme de l'homme est ses bonnes œuvres et ses valeurs. Par conséquent, le pouvoir, l'influ-

ence et la richesse ne signifient rien devant le Créateur.

141. Continuer à vivre. Ne laissez pas la tristesse et la rancune vous mordre le cœur à tout moment. Si l'autre vous blesse, pardonne pour votre bien. Suivez votre vie en cherchant à accomplir un bon travail sur toutes les sphères possibles.

142. chercher l'éducation comme source primaire de sagesse. Sans elle, rien n'est construit, rien ne progresse. Au lieu de le laisser comme héritage des biens matériels, laissez-le comme héritage à vos enfants.

143. Rien ne se passe par hasard. Toute personne qui entre dans ta vie le fait pour une raison quelconque. Essayez de comprendre les signes du destin pour construire une promenade heureuse.

144. Ne perdez pas votre temps précieux avec des gens qui ne le méritent pas. Éloignez-vous de l'obscurité et rassemblez autour de vos pensées et éléments positifs. Le bien attire bien.

145. Exclure sa vie les mauvais moments, les mauvaises influences, l'envie, la perversion,

la poursuite, la tristesse. Aimez plus, donnez plus, croyez plus en vous et en Dieu, toujours en ayant un point de vue positif même avec de mauvais faits. Hourra !

146. Faites de telle sorte que vos attitudes et vos mots influencent les autres positivement. "'
147. Essayez de ne pas vous isoler. L'homme est un être social qui dépend de l'autre pour survivre.
148. Soyez clair dans vos observations, ne laissez pas le rivage pour de fausses interprétations.
149. sois toujours optimiste, ne jamais abandonner vos rêves.

Partie II

## *Le sens de la vie*

C'est idiot qui cherche incessamment à trouver un sens pour la vie. Malgré tous vos efforts, vous perdrez du temps, de l'argent, et vous produirez encore du stress et de la fatigue mentale. Simplement parce qu'il n'y a pas d'explication pour l'existence. Pendant ce temps, l'homme devrait s'inquiéter d'autres choses plus pertinentes. Mettre en place des projets et des rêves. Trouvez-les sans faire de mal à personne. Alliés, promouvoir le bien et la charité. Quand l'homme se rend entre les mains de Dieu, ses désirs et ses aspirations sont accomplis. C'est la logique des cultures, ou la loi sur le retour. C'est la loi le plus important visible pour les humains. Ne dis jamais la mauvaise volonté de Dieu. C'est toi qui as eu de mauvaises mains, et maintenant tu récoltes les dégâts. Nous sommes nos juges.

## *La situation actuelle*

La cupidité, l'envie, la soif de justice, l'incompréhension, la catastrophe, la concurrence, le contentement, le manque de respect et l'intolérance rendaient les hommes moins humains. Tant que la pureté est à peine sur la face de la terre. Ou peu de bons restants sont ceux qui restent heureux. Le bien-être est directement proportionnel à la bonté, à l'honnêteté, à l'amour, à la générosité et à la foi en Dieu. Être bon, tous vos plans seront bénis par la divinité. Même les méchants, il y a toujours une chance de recommencer. Parce que Dieu est le père de tous.

## *Reconnais-toi, petit homme*

Qui suis-je ? Je ne suis pas venu de la poussière ? Je ne reviendrai pas à lui non plus ? Nous devons méditer sur ce maximum pour grandir l'humilité à chaque occasion. L'homme est génial pour ses attitudes et ses travaux. Immédiatement, il est devenu un instrument divin. Le bien n'attribue pas à un nom. C'est une manifestation du créateur parmi les mortels. Par nous, l'écriture de la vie prend forme. Tout est écrit et doit arriver.

Le mal produit de plus en plus de haine et de malheur. Ceux qui sont occupés à se blesser sont de vrais vers humains. Ce sont de vrais fils de Satan, l'ange déchu. Pour nous, enfants de Dieu, tous restent à demander la protection contre les êtres de la lumière. Nous ne craignons pas de mal avec la compagnie de Dieu. Bien que je marche sur la vallée sombre, avec ton art. Si nous avons mille adversaires, Dieu envoie dix mille Incise dollars dans notre protection. Le bien est plus fort et il prévaudra toujours tant que nous nous rendons à votre volonté et à votre entreprise.

## Le destin

La vie nous mène à des circonstances inattendues. Dans notre temps sur Terre, nous vivons dans la douleur, les chagrins, les joies, les déceptions, les accomplissements, ce qui signifie, des situations dichotomiques. Chacun de ces événements nous renforcera et nous préparera pour les faits postérieurs. Un cœur pur devient mûr. On n'a pas le nez. Parfois, les choses arrivent de telle manière que nous prenions des décisions importantes. Souvent, un rêve remplace un autre. À cette force plus grande, j'appelle le destin ou la prédestination. Toutes ces forces sont commandées par une puissance supérieure qui veut seulement notre bien. Tu pourrais dire que c'est une bonne chose.

## La compagnie des Anges

Les anges sont nos compagnons de voyage sur Terre. Intuitivement, ils suggèrent de bonnes actions et pensées. Devant les dangers, ils nous aident. Sur des questions difficiles, ils nous conseillent. Tu devrais savoir parler à ton ange, mieux comprendre la volonté de Dieu. Ce partenariat sera certainement plus fructueux.

La fin

www.ingramcontent.com/pod-product-compliance
Lightning Source LLC
LaVergne TN
LVHW020440080526
838202LV00055B/5290